재미만만 한국사 15

조선 신분, 그것이 알고 싶다

초판 1쇄 발행 2020년 9월 23일 | 초판 14쇄 발행 2024년 12월 10일

글 김리라 | 그림 이경택 | 감수 하일식

발행인 이봉주 | 편집장 안경숙 | 기획 안경숙, 구름돌 | 편집 및 디자인 구름돌
디자인 포맷 구름돌, 민트플라츠 송지연 | 마케팅 정지운, 박현아, 원숙영, 김지윤, 황지영 | 제작 신홍섭

펴낸곳 (주)웅진씽크빅 | 주소 경기도 파주시 회동길 20 (우)10881
문의전화 031)956-7440(편집), 031)956-7569, 7570(마케팅)
홈페이지 www.wjjunior.co.kr | 블로그 blog.naver.com/wj_junior
페이스북 facebook.com/wjbook | 트위터 @new_wjjr | 인스타그램 @woongjin_junior
출판신고 1980년 3월 29일 제406-2007-00046호. | 제조국 대한민국 | 사용연령 7세 이상

글 ⓒ 김리라, 2020 | 그림 ⓒ 이경택, 2020
저작권자와 맺은 특약에 따라 검인을 생략합니다.

웅진주니어는 (주)웅진씽크빅의 유아·아동·청소년 도서 브랜드입니다.
이 책은 저작권법에 의해 한국 내에서 보호를 받는 저작물이므로 무단전재와 복제를 금하며,
이 책 내용의 전부 또는 일부를 이용하려면 반드시 저작권자와 (주)웅진씽크빅의 서면 동의를 받아야 합니다.

ISBN 978-89-01-24418-1 · 978-89-01-24403-7(세트)

잘못 만들어진 책은 바꾸어 드립니다.

⚠ 주의 1. 책 모서리가 날카로워 다칠 수 있으니 사람을 향해 던지거나 떨어뜨리지 마십시오. 2. 보관 시 직사광선이나 습기 찬 곳은 피해 주십시오.

조선 신분, 그것이 알고 싶다

글 김리라 | 그림 이경택

웅진주니어

재미만만 한국사
조선
차례

1. 조선의 주인공은 양반
6~33쪽

이름: 최율
직업: 관리(참판)
취미: 경전 읽기

대대손손 관직에 오른 집안에서 태어나 잘 먹고 잘사는 금수저. 자신이 누리는 풍요와 특권에 대단히 만족해한다.

2. 중간에 끼어 있는 신분, 중인
34~49쪽

이름: 김지만
직업: 의관
특기: 약 만들기

전의감에서 주로 관리들을 진료한다. 아픈 사람을 보면 비록 신분이 낮더라도 치료해 주는 마음이 따뜻한 사람이다.

3 　50~75쪽
조선을 떠받치고 있는 상민

이름: 큰복
성격: 밝고 명랑
특기: 동생 돌보기

가난한 농부의 딸로 태어났다. 어린 동생을 잘 돌보고, 부모님을 걱정하는 효녀이다. 가장 좋아하는 것은 달콤한 엿!

4 　76~101쪽
신분이 가장 낮아 고달픈 천민

이름: 개똥
특기: 참을성 강함.
소원: 배불리 먹기

조선에서 신분이 가장 낮은 노비로, 까탈스러운 양반집 도련님의 시중을 드는 몸하인. 가장 큰 즐거움은 친구가 일하는 관청으로 심부름 가는 것!

1 조선의 주인공은 양반

안녕한가?
난, 양반 최율이라고 하네.
양반이 뭐냐고? 이런, 아직도 양반을 모르다니!
양반이란, 한마디로 나랏일을 하는 관리와 그 가족을 말해.
나는 내 신분에 아주 만족해!
양반은 넓은 토지와 많은 노비를 가지고 있지,
세금도 거의 안 내지, 군대도 안 가지,
조선 신분 중에서 최고거든.
이왕 이렇게 양반에 관한 얘기를 시작했으니
조선 신분에 대해 좀 더 자세히 알려 줄게.
잘 들어 봐!

언제 일어나시려나.

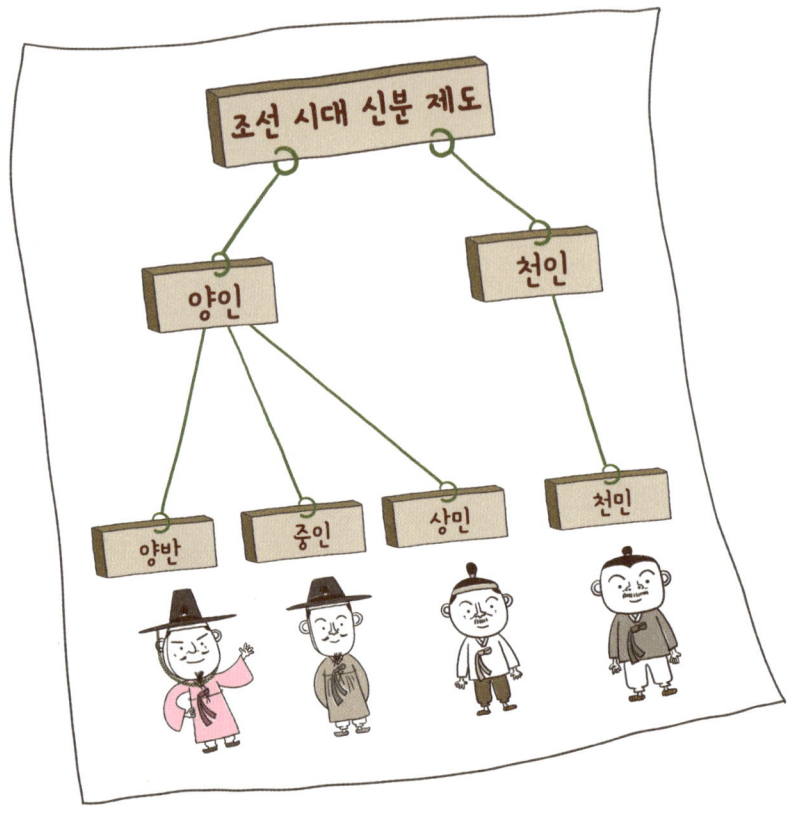

원래 조선 신분은 양인과 천인, 이렇게 크게 둘로 구분했어.
그러다 차차 양인이 양반, 중인, 상민으로 나뉘게 되었지.
문과나 무과의 과거에 합격해 관직에 오른 사람을 '양반',
잡과에 합격하거나 낮은 관직에서 일하는 사람을 '중인',
아무 관직도 없는 사람을 '상민'이라고 불렀어.
상민은 '평민'이라고도 하는데 일반 백성이라고 생각하면 돼.
이렇게 구분해 불렀던 이름이 아예 신분으로 굳어지면서
신분에 따라 특권도 생겨나고, 차별도 생겨난 거야.

양반은 금수저!

대대손손 양반!

너희가 사는 시대야,
정해진 신분이 따로 없고 공부든 무슨 일이든
열심히 하면 원하는 것을 얻을 수 있지만
조선은 그렇지 않아.
태어날 때부터 정해진 신분!
아무리 똑똑해도 마음대로 바꿀 수 없는 신분!
신분은 자식들에게도 대대로 이어지지.

처음에는 과거에 합격해 관직에 오른 사람만 양반이었지. 하지만 점차 한번 양반이 되면 대대손손 양반으로 살 수 있었어. 후후, 횡재한 거지!

금 동아줄 잡고 쭉 금수저로 잘사는 거야!

이제 조선의 신분에 대해 좀 알겠지?
자, 나의 하루를 따라와 봐.
양반에 대해 좀 더 자세히 알려 줄 테니.
양반은 일어나면서부터 유교의 가르침이 적힌 경전을 읽어.
아침 댓바람부터 책을 읽으니 졸리겠다고?
에헴! 뭐 그럴 때도 있기는 하지만…….

유교는 중국 공자의 가르침에서 시작된 사상이야.
조선의 근본 사상이지.
생활 속에서도 유교! 행동할 때도 유교! 자나 깨나 유교!

그러니 비가 오나, 눈이 오나,

바람이 부나,

평생 동안 유교 경전을 공부해야 해.
하루라도 경전을 읽지 않으면 입에 가시가 돋는다고 해야 할까?
이렇게 양반과 유교는 떼려야 뗄 수 없는 관계라고 할 수 있어.

이제 슬슬 나갈 준비를 해야겠구나.
"돌쇠야, 게 있느냐?
사당으로 가야 하니 어서 옷과 갓을 가져오너라."
돌쇠는 내가 손가락 하나 까딱하지 않아도
나의 손발이 되어 모든 것을 다 해 주는 몸하인이야.
"자, 비단 바지저고리에 소매와 품이 넓은 비단 도포를 입자꾸나."
갓은 어른이 된 남자가 쓰는 모자인데 양반에게 매우 중요해.
양반이 갓을 쓰지 않고 밖을 다니는 건 상상도 못 할 일이지.

내 갓으로 말할 것 같으면 말의 털로 촘촘하게 짜여 있고,
갓끈은 호박이라는 보석으로 만들었지.
어때, 최고급 신상으로 쫙 빼입은 내 모습! 멋지지 않은가?
나 정도의 높은 관직에 있으면 이 정도는 차려입어 줘야지!

대청마루로 나오니 장남인 금동이가 나를 기다리고 있네.
내 뒤를 이어 우리 집안을 이끌, 뒤늦게 얻은 나의 귀한 아들!
"허허, 금동이가 오늘도 일찍 왔구나.
어서 할아버지 뵙고, 사당으로 가자꾸나."
양반은 아침마다 사당으로 가서 조상님께 인사를 드려.
왜냐? 양반은 유교 윤리를 중요하게 여기기 때문이지.
유교에서 가장 중요하게 생각하는 것이 바로 효!
그러니 예를 갖추어 조상님을 잘 모셔야 하는 거야.
"돌쇠야, 뭐 하느냐? 어서 신발 가지고 오지 않고?"
"예예, 영감마님. 비단신 대령했습니다요."

난 금동이와 함께 아버님 방으로 갔어.
"아버님, 사당에 납실 시간입니다."
"오냐. 다 됐다."
나는 아버님을 모시고 금동이랑 사당으로 향했어.
사당이 어디에 있냐고?
우리 집에서 가장 높고 양지바른 곳에
딱 자리를 잡고 있지.

사당에서 나오자 금동이가 천자문을 읊기 시작했어.
"할아버지, 아버지! 잘 들어 보세요.
저 정말 천자문을 잘 외우거든요!"

훗, 저렇게 자랑하고 싶은 것을 어찌 참았을꼬?

아버님은 금동이가
천자문 외는 모습이
재미있으셨는지
빙긋 웃으시네.

금동이는 한 술 더 떠서 의기양양이야.

겨우 천자문을 외는 금동이는 걷기도 전에 뛰려는지
장원 급제를 하겠다며 큰소리를 떵떵!
그 말에 아버님이 크게 껄껄 웃으시는 거야.
아버님이 호탕하게 웃으시다니!
원래 양반은 체면을 중요하게 생각하기 때문에
감정을 잘 드러내지 않거든.
오죽했으면 '양반은 물에 빠져도 개헤엄은 안 한다.'고 했겠어.

아, 내 나이 열일곱에 장원 급제 했을 때가 생각나는군.
그때 아버님은 지금보다 더 크게 껄껄 웃으셨지.

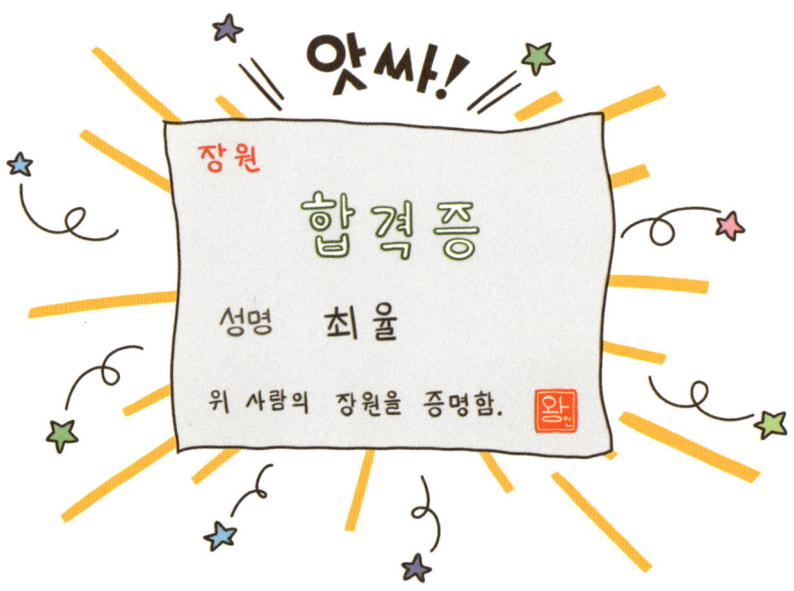

장원 급제는 말이야,
관직에 오르기 위해 보는 과거 시험에서 1등을 한 거야.
장원 급제 하면 왕이 내리신 종이꽃 어사화를 관모에 꽂고,
말을 타고 풍악을 울리며 사흘 동안 축하 행진을 했어.
그때 내 기분이 어땠을지 짐작할 수 있겠지?
얼마나 가슴이 벅차고, 하늘을 날 듯 기뻤는지.
죽을 둥 살 둥 공부한 보람을 느꼈어.
놀고 싶은 마음을 꾹 참으며, 졸린 눈을 비비며,
눈 밑에 다크서클이 생기도록 공부했단 말이야.

아버님과 어머님은 또 어떻고.
"아이고, 제 아들이 장원 급제랍니다! 경사지요, 경사!
우리 율이가 이리 똑똑합니다.
태어날 때부터 남달랐지요.
그럼요, 그럼요! 가문의 영광이지요! 호호호!"
어머님은 힘든 줄 모르고 손님 접대를 하셨고,
아버님도 어찌나 좋아하시던지 웃음소리가 끊이지 않았지.

아버님을 방에 모셔다드리고 나오는데 금동이가 물었어.
"아버지, 저 과거 시험 언제 봐요? 빨리 보고 싶어요!"
과거 시험이 뭔지도 모르는 철없는 우리 금동이.
"이런, 금동이가 마음이 급한 모양이구나!
금동아, 양반은 문과나 무과 과거 시험을 본단다.
너는 관리가 될 사람이니 문과 과거 시험 준비를 해야지."
나는 금동이에게 과거 시험 보는 과정을 차근차근 알려 주었어.

과거 시험 보기 4단계

1단계

천자문과 같은 기초적인 공부는 서당에서 해. 그리고 한양 학생은 사부 학당에서, 지방 학생은 향교나 서원에서 유교 경전을 배워.

2단계

문과 시험을 치르려면 먼저 소과를 봐야 해. 소과 합격만으로는 관직에 오를 수 없어.

"우아, 공부를 그렇게나 많이 해야 해요?"
금동이는 깜짝 놀라 눈이 등잔만 해졌어.
"금동아, 지금처럼 열심히 공부하면 잘될 거다."
"네! 저도 할아버지, 아버지 뒤를 이어 높은 관직에 오를 거예요."
금동이가 제법 야심 찬 소리를 하네.
나는 금동이가 대견스러워서 머리를 쓸어 주었지.
"아이고, 금쪽같은 내 새끼!"

3단계

소과에 합격하면 비로소 문과 시험을 볼 수 있어. 문과 시험을 '대과'라고 해. 소과 합격자는 너희 시대의 '대학'과 비슷한 성균관에 들어가 대과 준비를 해. 물론 성균관에 들어가지 않아도 대과를 볼 수 있어.

4단계

관직에 오르려면 과거 시험을 봐.
성적에 따라 관직 등급이 결정되니
높은 관직에 오르려면 무지 노력해야 해.

금동이도 방으로 가고, 이제 아침밥을 먹어 볼까.
"영감마님, 아침 식사 준비되었습니다. 들일까요?"
"어, 그래. 어서 가지고 오너라."
우리 양반은 밥을 조금? 아니 아주 많이 먹어.
'고봉밥'이라고 들어 봤니? 그릇 위로 수북하게 높이 담은 밥.
나는 흰쌀로 지은 고봉밥에 고깃국을 정말 좋아하지.
말만 해도 군침이 넘어가네그려. 꼴깍!

출출하구나.
어서 들여라!

양반집 밥상은 보통 엄청 푸짐해.
일반 백성들은 먹기 힘든 쌀밥을 매일 고봉밥으로 먹고,
고기나 생선 등 영양가 있는 음식을 골고루 먹는단 말이지.
반찬 수도 일반 백성이 먹는 것보다 네다섯 가지는 더 많아.
더욱이 일반 백성들은 아침과 저녁 두 끼가 기본이지만,
양반은 점심까지 챙겨 먹어 하루에 서너 끼는 먹는단다.
아, 배고파! 이제, 식사를 시작해 볼까?

"영감, 다녀오겠습니다."
아침을 먹고 나니 부인이 날 불러 말하더군.
장인어른이 위독하셔서 친정에 다녀오겠다는 거야.
나랑 혼인하고 처음으로 친정에 가는 거지, 아마?

양반집 여자들은 친정집에 자주 갈 수가 없었어.
조선은 유교에 뿌리를 둔 나라잖아.
남자와 여자가 서로 다르다는 것을 강조했지.
처음부터 남녀 차별이 심했던 것은 아니었는데
유교 윤리를 점점 더 강조하면서 차별이 심해진 거야.
여자들은 글을 배우는 대신 수 놓는 법을 배워야 했고,
밖에 함부로 다닐 수도 없었고,
나갈 때는 쓰개치마 또는 장옷으로 얼굴을 꼭 가려야 했어.

"앗, 벌써 관청에 갈 시간이네. 돌쇠야!"
"예, 영감마님! 여기 관복 대령했습니다요.
밖에 초헌도 준비해 놓았습니다요."
나는 서둘러 관청으로 출발했지.

관직에 오른 양반들은 출근해서 열심히 일해.
조선 전기에는 관직에 오른 사람만 양반이었잖아.
양반은 나랏일을 한다는 이유로 특권을 누렸지.
군대도 안 가고, 세금도 땅에 대한 것만 조금 내고.
하지만 점차 양반 신분이 자손 대대로 이어지면서
관직에 오르지 않아도 특권을 누리며 풍요롭게 살았어.
조상으로부터 토지와 노비를 물려받으면서 말이야.

양반도 관리가 되면 많이 바빠.
아침 5시에서 7시 사이에 출근해서
오후 5시에서 7시 사이에 퇴근하거든.
하루 8시간에서 12시간을
꼬박 일하는 거지.
겨울철에는 좀 늦게 출근하고,
일찍 퇴근하지만 말이야.

또 몇 살까지 일해야 한다는 정년퇴직은 없지만
출근하지 못한 날이 1년에 30일을 넘으면
승진도 못 하고, 관직에서 쫓겨날 수도 있어.

우리 양반들도 나라를 위해
열심히 일한다고 할 수 있지.
열심히 일한 당신, 녹봉을 받아라!
녹봉은 일한 대가로 관리들이 받는 봉급이야.
너희 시대에서는
녹봉을 매달 돈으로 받는다지?
조선에서는 쌀과 밀 같은 곡식이나
명주나 베 같은 천으로 받아.
지체 높은 관리가 재물이 없어
품위를 잃으면 안 되니까
아주 넉넉하게!
흐흐, 이 얼마나 좋은 나라인가!
아쉽게도 조선 후반에는
녹봉이 많이 줄었지만 말이야.

일을 마치고 기분 좋게 집 안으로 들어가는데
금동이의 몸하인, 개똥이가 허둥지둥 뛰어오는 게 보이네.
쯧쯧, 채신머리없게 저리 뛰다니.
"개똥아, 왜 이리 뛰는 거냐?"
"금동 도련님이 아프셔서 김 의관님을 모시러 갑니다!"
"뭐? 금동이가? 어서 가서 모시고 오거라!"

양반은 조선의 지배 계층으로
어느 신분보다 풍요롭게
특권을 누리며 잘살고 있어.
하지만 양반도 아프거나 병이 들겠지?
그럴 때면 김 의관 같은 중인의 도움이 필요해.
중인의 하루는 어떤지 김 의관을 만나 봐.

2. 중간에 끼어 있는 신분, 중인

내가 개똥이가 그렇게
애타게 찾던 김 의관이야.
　의관이 뭐냐면 그냥 쉽게 말해
너희가 알고 있는 의사지.
　의관은 과거 시험 중에서
잡과에 합격한 전문 직업인이야.
　양반 아래 신분인 중인이지.
　내가 일하는 곳은 '전의감'인데
주로 관리들을 진료하거나
　임금님이 신하에게 내리는 약이나
궁중에 쓰이는 약재를 만들어.

내가 과거 시험 중에서 잡과에 합격했다고 했지?
잡과는 전문 기술직을 뽑는 시험이야.
의과(의술), 율과(법률), 역과(외국어), 음양과(천문학)가 있어.
원래 '중인'이라는 말도 전문 직업을 가지고 있는 사람들이
한양 중심부에 모여 살아 붙여진 이름이라는 얘기도 있어.
하지만 서리, 향리, 군대의 하급 지휘관 등 다른 직업을
가진 사람들도 있으니 반은 맞고 반은 틀렸다고 해야 하나?

만약에 말이야, 나같이 전문 직업을 가진 중인들이
너희 시대에 태어났다면 어땠을까?
직업이 의사, 화가, 통역사일 텐데…….
그러면 지금처럼 무시당하지는 않았겠지?
여기 조선은 기술관을 무시하는 유교 중심 사회!
양반보다 못한 신분으로 차별 대우나 받고, 흑흑!
처음에는 차별이 심하지 않았는데 양반들이 점점
자신의 특권을 유지하려고 우리 중인들을 차별했어.
얼마나 서럽던지!

아침 일찍부터 친구들이 전의감으로 날 찾아왔어.
"김 의관! 오래간만일세."
"이게 얼마 만인가? 반갑네! 반가워."
어릴 적 친구인데 한 사람은 중국어, 일본어와 같은
외국어를 통역하는 역관이 되었고,
또 한 사람은 국가에 소속되어 그림을 그리는 화원이 되었지.
둘 다 모두 중인이야.

이번에는 역관 친구가
화원 친구를 보며 부러운 듯 물었어.
"그래도 자네는 화원이니
임금님 용안을 직접 볼 수 있지 않은가?"
화원은 임금님이나 높은 직위에 있는
양반의 초상화를 그리거든.
국가 공식 행사에 참여해서
그 모습을 그림으로 남기기도 하지.
너희야 사진을 찰칵 찍으면 그만이지만
조선 시대에는 사진이 없잖아.
기록을 생생하게 남기는 방법이
그림밖에는 없었지.

"맞네! 임금님 용안을 볼 수 있는
사람이 몇이나 되겠는가?"
나도 옆에서 역관 친구의 얘기에
맞장구쳤지.
조선에서 임금님의 얼굴,
즉 용안을 본다는 것은
하늘의 별 따기요,
잔디밭에서 바늘 찾기야.
얼마나 어려운 일인지 알겠지?

"김 의관, 자네는 요즘 어떻게 지내는가?"
역관 친구가 내게 물었어.
"임금님의 명으로 마마를 치료하는 약을 연구하고 있다네."

마마는 '천연두'라고 불리는 전염병이야.
너희 시대에서는 이미 사라진 병이겠지만
이 당시에는 전염성이 워낙 강해
한 번 유행하면 죽는 사람이 수두룩했어.

"전염병을 치료하는 약을
연구한다고?
사람 목숨을 구하는 일을 하는
자네야말로 최고 중 최고일세!"
화원 친구가 목소리를 높였어.

우리끼리 칭찬 릴레이를 이어 갔지만
사실 중인들의 삶은 고단했어.
공부도 많이 하고, 경험도 많이 쌓아야 하는데
제대로 인정받지 못했으니까 말이야.
우리는 이런저런 얘기를 나누다
아쉬운 작별을 했지.

친구들이 가고, 나는 필요한 약재를 사러 장으로 향했어.
"안녕하십니까? 나리! 저 큰복이예요!"
웬 상민 여자아이가 달려오더니 반갑게 인사를 하네.
누군가 했더니, 얼마 전 아버지가 아프다며 펑펑 우는 아이를
하도 딱해 도와준 적이 있었는데, 그때 그 아이야.
"저번에 도와주셔서 정말 고마웠습니다!"

여자아이는 연신 고개 숙여 인사를 하고는 총총 갔어.
이럴 때 의관이 된 것에 보람을 느낀다니까!

중인과 양반이 크게 다른 점은
높은 벼슬에 올라 양반입네 하는 사람들이
관심 갖지 않는 일,
하지만 우리 조선에 반드시 필요한 지식과 기술에
깊이 빠져 있다는 점이지.
우리 중인은 전문가가 되기 위해
어려서부터 교육을 받고
한 장소에서 같은 일을 죽을 때까지 해.
우린 조선 최고 기술자니까.

조선의 최고 기술자

3 조선을 떠받치고 있는 상민

"큰복아, 일어나거라!"
세상 부지런한 아버지가 아침 일찍부터
논과 밭을 둘러보고 오셔서 나를 깨웠어.
"네, 아버지! 나가요!"
아버지의 병이 다 나아서 정말 다행이야.
김 의관님을 만난 것은 최고의 행운이었어.
양반 관리들만 치료해 주시는 분인데
농사지으며 사는 우리 같은 상민에게
처방전을 써 주었으니 말이야.
김 의관님의 처방전은 정말 효과 만점이었지.

여기가 우리 다섯 식구가 사는 집이야.
상민 대부분은 이런 초가집에서 살아.
양반이 사는 기와집과는 아주 다르지?
하지만 오해는 하지 마! 초라하다고 초가집이 아니니까!
짚이나 갈대 등을 묶어 지붕에 얹어 만든 집이라
한자 '풀 초'를 써서 초가집인 거야.
초가집은 주변에서 쉽게 구할 수 있는 재료로 만들어.
상민들은 대부분 돈이 많이 없거든.

상민 신분에는 우리같이 농사짓는 농부 말고도
물고기 잡는 어부, 물건을 파는 상인,
물건을 만들어 파는 수공업자도 있어.
조선 인구 중에서 상민의 수가 가장 많을걸.
상민들은 어떻게 사는지 나의 하루를 잘 봐!

음~ 좋은 냄새, 오늘도 된장국이구나.

꼬르륵

우아, 부엌에서 맛있는
음식 냄새가 솔솔 나네.
새벽부터 일어나 소 여물 주고,
닭 모이 주고, 오빠를 따라 산에
나무하러 갔다 왔더니
배에서 꼬르륵꼬르륵!
"자, 밥 먹읍시다!"

와! 밥이다!

아! 배고파!

우리도 양반같이 그릇 위로 수북하게 담은 고봉밥을 먹어.
다른 점은 양반은 하얀 쌀밥, 우리는 잡곡밥!
그리고 반찬 두세 가지에 김치와 간장.
하얀 쌀밥에 고기반찬 먹는 게 나의 소원이지. 쩝쩝!
하지만 이거라도 먹을 수 있어 다행이야.
가을에 수확한 양식이 똑 떨어지면 거의 굶다시피 하거든.
상민들은 보통 하루에 두 끼를 먹어. 아침이랑 저녁.
그래도 하루에 세 끼를 먹을 때가 있어.
요즘같이 일을 많이 하는 농사철!
많이 먹고 일도 많이 하라는 거야. 아, 웃프다!

아침을 먹고 나서 나는 어머니랑 함께
점심으로 먹을 주먹밥을 만들었어.
잡곡밥에 소금을 넣고 휘휘 저은 다음,
손으로 꾹꾹 눌러 동그란 모양으로 만들면
주먹밥 완성!

아버지와 오빠는
농기구를 챙겨
바로 논으로 향했어.

어머니는 이제 겨우 한 살이 된
동생 소복이를 업으셨지.
난 점심때 먹을 주먹밥을 챙기고 말이야.
자, 농사지으러 가자!

논에 다다라 나는 어머니 대신 소복이를 업었어.
"어머니는 일하셔야 하니까 언니랑 같이 있자."
아버지랑 어머니는 논에 들어가서 일을 하시는데
오빠가 안 보이네. 아, 저기 있다!

"오빠, 여기서 뭐 해?
오빠는 일 안 할 거야?
아버지, 어머니 모두
논에 들어가셨어."

"응, 일해야지.
농사철이라 날마다
바쁘니…….
난 언제 서당에
갈 수 있을까?"
오빠는 시무룩한 표정으로
땅이 꺼져라
한숨을 내쉬었어.

"오빠, 공부해서 과거 시험 볼 거야?"
과거 시험은 양반뿐만 아니라 상민도 볼 수 있거든.
이 말은 능력만 뛰어나다면 상민도 관리가 될 수 있다는 뜻!
그런데 오빠는 입을 쭉 내밀며 말했어.
"상민도 과거 시험을 볼 수 있다지만
일하느라 바빠 죽겠는데 공부할 시간이 어디 있냐?
과거 시험은 그림의 떡인 거지."
오빠는 어깨를 축 늘어뜨리고 논으로 갔어.

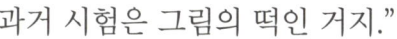

오전 일을 끝내고, 주먹밥을 먹는데
오빠가 주먹밥을 먹다 말고 툴툴거리며 물었어.
"아버지, 우리 땅은 왜 이렇게 조그마해요?"

"그래도 우리는 남의 땅을 빌려 농사를 짓지는 않잖아.
그랬다면 열심히 농사지은 곡식의 절반을
땅 주인에게 바쳐야 했을 테니 말이다."
아버지는 우리 땅을 보며 힘주어 말씀하셨어.

"세금은 꼬박꼬박 내야 하니 힘든 건 마찬가지예요.
거둔 곡식 일부도 세금으로 내야 하고,
특산물도 구해서 세금으로 내야 하고."
어머니는 얼굴을 잔뜩 찌푸리셨어.

내가 아직 나이 어린 여자아이지만
아버지, 어머니 말을 들으니 마음이 아파.
상민은 뼈 빠지게 일만 해도 살기가 힘들어.
세금 내야지, 먹을거리, 입을 거리……,
전부 다 스스로 해결해야 하잖아.
그러니 상민의 생활이 힘들 수밖에.

"자, 이만 끝내자꾸나. 내일 제사 준비를 해야지."
"아버지, 장에 가실 거죠? 저도 갈래요!"
제사를 지내려면 제사상에 올릴 음식을 사야 하잖아.
상민도 제사상에는 과일이랑 생선을 올리거든.

"큰복이 너, 아버지한테 뭐 사 달라고 떼쓰면 안 된다!"
앗, 어머니는 귀신같이 내 마음을 잘 아신단 말이야.
"알았어요! 그냥 구경하러 가는 거라고요!"
큰소리쳤지만 입에 살살 녹는 엿이 자꾸 떠올랐지.
나는 침을 꼴딱 삼키고는 아버지를 따라나섰어.

우린 먼저 비릿한 냄새가 나는 생선 가게로 갔어.
아버지는 주인아저씨를 보고 반갑게 인사를 하셨지.
"아, 자네 군역을 지고 왔는가? 언제 왔나?"
"며칠 전에 왔다네. 자네는 언제 가는가?"
"난 막내 태어났을 때 군역을 져서 아직은 걱정 없네.
참, 제사를 지내야 하니 통통한 걸로 조기 세 마리 주게."
"걱정하지 말게나. 내가 좋은 놈으로 골라 줄 테니."

이게 다 무슨 소리냐고?
조선 남자들은 군대에 갈 의무가 있는데 그걸 군역이라 해.
16세부터 군대에 가는데 군대에 갔다가 돌아오면
얼마 동안 쉬었다 다시 군대에 가야 하지.
이렇게 군대에 갔다 왔다 하는 것을 반복해.
언제까지? 60세까지!
문제는 양반은 군역 의무가 없고, 상민에게만 있다는 거야.
쳇, 상민만 군대에 가야 한다니 치사해! 억울해!

엿장수 아저씨가 우리 앞을 지나갔지만 눈으로만 먹어야 했지.
"아, 가지런히 놓인 엿 좀 봐. 맛나겠다! 쩝!"
"큰복아, 사과 사러 가야지."
"아버지, 사과 살 동안 장 구경하면 안 돼요?"
아버지는 친구 과일 가게에 가실 테니 오래 걸릴 게 분명했어.
"그러렴. 어디 멀리 가면 안 된다!"
나는 먼저 신발 가게로 가서 신발을 구경했어.
고운 색깔의 비단으로 감싼 꽃신이 내 눈에 딱 띄었지.
양반이 아니면 절대 신을 수 없는 어여쁜 신발.

넋 놓고 꽃신을 보는데 양반집 아가씨가 신발을 사러 왔네.
아가씨는 땅에 닿을 만큼 길고 폭이 넓은 치마를 입었어.
치마에는 비단에 반짝반짝 금박까지 예쁘게 입혀 있었지.
그런데 내 모습 좀 봐.
폭도 좁고 짧은 몽당치마에 무늬 없는 무명옷.
난 나도 모르게 얼른 자리를 피해 버렸어.

터덜터덜 걸어가는데 저쪽에 사람들이 바글바글 모여 있네.
아, 광대가 왔나? 얼른 달려가 보았지.
그런데 관청에서 나온 듯 보이는 아전 아저씨가
사람들에게 무언가를 열심히 설명하고 있는 거야.

난 옆에 서 있는 아저씨에게 물었지.
"아저씨, 도대체 뭐라는 거예요?"
"응, 며칠 뒤에 둑을 쌓아야 하니 와서 일하라는 얘기야. 너도 집에 가서 아버지께 말씀드려야 한다."
"네, 아저씨! 알려 주셔서 고맙습니다."
대답은 이렇게 했지만
에잇, 농사일도 바쁜데 나랏일까지 하라니…….
양반과 상민의 차이가 너무 심하단 말이야!

양반은 상민보다 지어야 할 의무가 적어.
군대에 안 가도 되고,

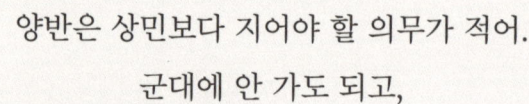

나라에 큰 공사가 있어도
불려 가 일을 하는 법이 없어.

그런데 상민은 농사짓다가 군대도 가야 하고,

세금도 내야 하고,

특산물로 낼 물건도 구하러 다녀야 하고,

나라에서 길을 만들거나 성을 쌓을 때면
가서 일해야 해.

큰복아~

나를 부르시는 아버지의 목소리가 들렸어.
"예! 아버지, 가요!"
나는 헐레벌떡 아버지에게로 뛰어가
숨을 고르는데…….

"옛다, 받아라!"
아버지가 기다랗고 하얀 걸 내미셨어.
"우아, 엿이다! 아버지, 이거 어디서 났어요?"
나는 기쁘면서도 아버지가 엿을 사셨다는 게 믿어지지 않아.
"허허, 어디서 나기는 샀지."
"엿을 사셨다고요? 돈도 없는데……."
아버지가 돈을 주고 엿을 사셨다는 말에 걱정되었어.
아버지가 어머니한테 혼나시면 어떡하지?

상민은 엿 살 돈도 걱정해야 하는 처지거든.
하지만 상민은 말이야,
나라를 지키지, 나라 살림을 키우지.
사람들이 먹고, 입고, 쓰는 걸 다 만들어 주는
조선의 중요한 존재이기도 해.
조선을 떠받치고 있는 핵심 기둥이라고 할까.

엿을 쪽쪽 빨며 이런저런 생각을
하다 보니 집이 가까워졌어.
저만치 남자아이가 지게를 지고 가네.
길에서 가끔 보는 천민 아이인데 양반집 노비야.
나랑 비슷한 또래 같은데 많이 힘들어 보여.
천민인 노비는 상민과 어떻게 다른지
남자아이를 따라가 봐!

4. 신분이 가장 낮아 고달픈 천민

내 이름은 개똥!
내 신분은 천민 중에서 노비!
남자 종인 '노', 여자 종인 '비'를 합쳐 노비라네.
내 주인은 최 참판, 영감마님!
나는야 금동 도련님의 몸하인.
양반이 시키면 뭐든 하는 노비,
필요한 일을 대신 해 주는 노비.
노비에겐 자유가 없지.
노비는 주인의 재산!
사람대접 못 받는 노비라네, 우우!

"개똥아, 일어나! 마당 쓸고 도련님 깨워야지!"
옆에서 자던 형이 나를 깨웠어.
우리는 양반집에 속해 있는 사노비야.
사노비 중에서도 주인과 함께 살면서
온갖 집안일을 하는 솔거 노비지.
지금 내가 자는 곳도 내 주인, 최 참판 댁 행랑채야.
내 이름도 주인인 영감마님이 지어 주셨어.
나를 처음 봤을 때 개가 똥을 쌌다나 뭐라나.

오늘도 고단한 하루가 시작되는구나.
양반집 마당은 엄청나게 넓어.
저 넓은 마당을 언제 다 비질하나.
아, 봄인데도 새벽이라 쌀쌀하네.
으으, 얇은 무명옷과 짚신 사이로
찬 바람이 숭숭 들어와, 춥다 추워!

열심히 마당을 쓸다 문득 옆에 있는 아저씨를 봤어.
아저씨는 허리 한번 펴지 않고 묵묵히 마당을 쓰시는 거야.
"아저씨, 허리 안 아프세요?"
이렇게 묻고는 참 바보 같은 질문을 했다고 생각했지.

아저씨는
농사일도 하고,

집수리도 하고,

장작도 패.

온종일 쉬지도 못하고 일하는데 허리가 왜 안 아프겠어.
"아프기야 하지. 그래도 어쩌겠니? 후딱 쓸어야지."
아저씨가 나를 보고 빙긋 웃으시며 말했어.
나는 부지런히 마당을 쓸고, 금동 도련님을 깨웠어.
그리고 얼른 부엌으로 갔어.
도련님의 세숫물을 준비해야 하거든.

가마솥에는 늘 따뜻한 물이
준비되어 있어.
나도 따뜻한 물로 씻으면 얼마나 좋을까?
그러면 때가 잘 씻겨 나갈 테니
도련님처럼 뽀송뽀송하겠지?
하지만 난 노비! 찬물로 세수해야 해.
이게 바로 내가 세수를 잘 안 하는 이유!
따뜻한 물을 담은 대야를 드는데
다리가 휘청휘청!
놋으로 만든 대야라
엄청 무겁거든.

양반은 세수를 마루나 방에서 해서 말이야.

무거운 놋대야를 들고
도련님 방으로 갔어.

"개똥아, 세수 다 했으니까 옷 입혀 줘."
"네, 도련님."
도련님은 일곱 살이고, 난 열한 살이야.
나보다 한참 어리지만, 도련님은 양반이잖아.
양반은 나이가 아무리 어려도 노비의 이름을 부르고 반말을 해.
하지만 노비는 꼬박꼬박 높임말을 써야 하지.
나는 도련님에게 비단옷을 입혀 주고, 가죽신도 신겨 주었어.
하여튼 양반은 혼자 할 수 있는 것이 없다니까!

영감마님과 도련님은
조상님께 인사드린다고
사당으로 가셨지.
그동안 나는 땔감을 옮겼어.
아침부터 계속 일했더니
배에서 꼬르륵 난리가 났네.

부엌에서 일하는
아주머니가 마침 아침밥을
차려 주셨어.
비록 잡곡밥에 된장국,
반찬이라 봤자 김치가 전부지만.

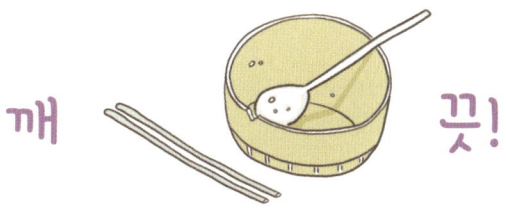

아주 가끔은 양반이 남긴 음식을 노비가 먹기도 해.
하지만 그것도 허락을 받아야만 먹을 수 있지.
그런 날은 정말 운수 좋은 날이야!
난 눈 깜짝할 사이에 밥그릇을 깨끗이 비웠어.
밥 양도 적고, 반찬도 없어 배는 부르지 않았어.
그래서 빈 그릇에 물을 가득 담아 꿀꺽꿀꺽 마셨지.
이렇게 하면 배가 부르거든.
으음, 물배 찬다!

아저씨들과 형들은 아침을 먹고 나서 농사일을 하러 갔어.
양반에게 노비는 땅과 함께 가장 중요한 재산이야.

돈 한 푼 안 받고
농사지어 주지,

맛있는 음식을
만들어 주지,

쉬는 동안에도
온갖 자질구레한
일을 모두 해 주잖아.

이러니 양반에게 노비는 없어서는 안 될 존재지.
그런데 그걸 양반들은 모른다는 것이 문제야.
양반들은 우리를 가축이나 다름없게 생각한다니까.

아휴, 나는 도련님이 공부하는 동안 연을 만들어야 해.
물론 내 것이 아니라 도련님 것이지.
연 만들 재료를 들고 도련님이 공부하는 방 앞으로 갔어.
마루에 걸터앉아 대나무를 다듬는데 책 읽는 소리가 들렸어.
도련님을 가르치는 스승님의 목소리도 들렸어.

나는 천민이라서 서당과 같은 학교에 다닐 수도 없고,
도련님처럼 스승님에게 글공부를 배울 수도 없고,
당연히 과거 시험도 볼 수 없지.
천민들은 상상도 할 수 없는 일이야.
그래도 양반인 도련님이랑 비슷한 점은 있어.
뭐냐면 천민도 양반처럼 군대를 안 가.
그 이유는 하늘과 땅 차이지만 말이야.
양반은 나랏일을 하기 때문이라는데
천민은 의무도 없고 권리도 없어서 그러는 거래.
그래서 세금도 내지 않아.
나 같은 노비는 그저 양반이 시키는 일을 하며
평생을 자유 없이 살아야 한다는 거지.

공부가 끝날 무렵 연이 완성되었어.
도련님은 연을 보자마자 낚아채듯 가져갔어.
"개똥아, 어서 따라오거라! 연 날리러 가자."
도련님은 잔뜩 들떠 연을 들고 집을 나섰어.

"도련님, 바람이 세요.
연줄을 그만 푸세요.
연줄 끊어지겠어요."
도련님이 내 말을 귓등으로도 안 듣더니
결국 연줄이 끊어져 날아가
높은 나무에 걸렸지 뭐야.

그런데 도련님이 다짜고짜
연이 걸린 나무에
올라가라는 거야.
"얼른 올라가서
연 가지고 내려와."
난 연을 가지고
내려오다 팔도 긁히고,
무릎도 까였어.
으윽, 어찌나 아프던지.
도련님과 나는 저녁이 돼서야
겨우 집에 도착했어.

안방마님의 명령으로 난 결국 저녁밥을 못 먹었어.
배에서는 꼬르륵꼬르륵 난리가 났어.
"개똥아! 이거 먹어."
형이 쓱 내민 것은 감자였어.
"형, 이거 어디서 난 거야?"
"내가 부엌 아주머니에게 특별히 부탁해서 몰래 가지고 왔지."
형의 말이 끝나기도 전에 나는 감자를 허겁지겁 먹었어.
어찌나 꿀맛이던지.
다쳐서 아픈 것도 잊고
얼마나 맛있게 먹었는지 몰라.

노비들은 나같이 억울한 일을 당해도
주인을 고발하지 못해.
어디 하소연할 데도 없지.
조선은 신분의 위아래 질서를 강조하는
유교 사회니까 말이야.

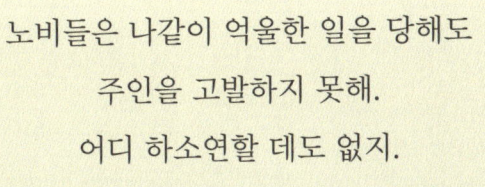

심지어 주인은
노비를 사고팔기도 하고,
다른 사람에게 선물로 주기도 한다니까.
노비가 얼마나 하찮고 천한 신분인지 알겠지?

다음 날 아침, 영감마님이 나를 불렀어.
"개똥아, 이 서찰을 관청에 전해 주거라."
"네, 영감마님!"
나는 기다렸다는 듯이 큰 소리로 대답했어.

심부름 중에서 관청에 가는 게 가장 신나고 좋거든.
왜냐하면 친구를 만날 수 있으니까.
천민은 양반이나 상민 아이들과 친구가 될 수 없어.
놀다가 다투기라도 해 봐.
누가 잘못했는지 따지지도 않고 무조건 천민의 잘못!
그런 게 어디 있냐고? 조선 법이 그래.
물론 우리 같은 노비가 놀 시간이 어딨겠어?
내 친구도 나처럼 천민인 노비야.
나랑 다른 점이 있다면 나는 양반집에서 일하는 사노비고,
내 친구는 관청에서 일하는 공노비라는 거지.

천민 중에는 노비 말고도 다른 일을 하는 사람도 있어.

높은 곳에서 줄을 타면서
공연을 하는 광대도 나 같은 천민이야.

가죽으로 신발이나 생활용품을
만드는 갖바치도 있어.
나는 꿈에서도 신어
볼 수 없는 신발을
만드는 천민이지.

저기 예쁜 누나 보여?
노래도 잘하고, 춤도 잘 추고,
악기 연주도 잘하는 기생이야.
기생도 천민.

가축을 잡고 고기를 파는 일을 하는 백정도 천민이야.
천민 중에서도 유난히 천대를 받고, 업신여김을 당해.

천민들이 하는 일은 조선에서 천대를 받는 일들이야.
너희 시대에야 직업에 귀천이 없겠지만,
조선에서는 통하지 않아.
천민은 가장 낮은 신분인 만큼 가장 낮은 대우를 받았어.
자유도 없고, 인간다운 대우도 못 받고,
같은 죄를 지어도 천민이란 이유로 더 엄한 벌을 받고.
그러니까 천민으로 사는 것은 참 비참해.
그래도 어쩌겠어. 조선에서 노비로 태어난 것을.
꾹 참고 살아야지.

언젠가는 우리 조선에도 신분 제도가
사라지는 날이 오겠지?

오늘은 친구랑 함께
신분 제도가 없는 나라를
상상해 봐야겠어.

재미만만 한국사
조선 역사는 흐른다

1392년 — 조선 건국.

1394년 — 수도를 한양으로 옮김.

1402년 — 조선의 신분증, 호패법 실시.

1485년 — 조선의 법을 적은 책인 『경국대전』을 널리 알림.

"유교 이념을 바탕으로 만들었지!"

1669년 — 어머니의 신분을 자식이 그대로 따르는 노비종모법 시행.

1708년 — 특산물을 쌀로 내는 세금 제도인 대동법 전국적으로 실시.

"특산물 대신 쌀로!"

1725년 — 영조, 붕당과 상관없이 인재를 골고루 뽑는 탕평책 실시.

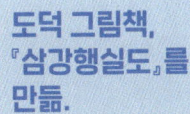

1432년

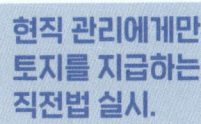

1466년

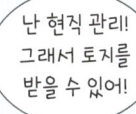

1750년

1894년

글 김리라

대학에서 유아 교육을 공부하였습니다. 제4회 웅진주니어 문학상을 받으며 작품 활동을 시작했습니다. 쓴 책으로는 『무에타이 할아버지와 태권 손자』, 『우리는 걱정 친구야』, 『플라톤 아저씨네 이데아 분식점』, 『나는 엄마를 기다려요』, 『이상한 생일 초대』, 『소희가 온다!』, 『로봇 형 로봇 동생』 등이 있습니다.

그림 이경택

대학에서 일러스트레이션을 공부했고 어린이를 위한 책에 그림 그리는 일을 꾸준히 하고 있습니다. 노란색을 좋아해서 개나리꽃 활짝 피는 봄이면 나도 모르게 웃음이 지어지곤 합니다. 봄 같은 어린이와 항상 함께하고 싶습니다. 그린 책으로는 『안전 생존 119』, 『보고서는 내가 쓸 거야』, 『영어 뇌를 키우는 그리스로마 신화』, 『칭찬 초대장』 등이 있습니다.

감수 하일식

연세대학교 사학과를 졸업하고, 같은 학교 대학원에서 고대사를 연구하여 박사 학위를 받았습니다. 현재 연세대학교 사학과 교수로 학생들을 가르치고 있습니다. 쓴 책으로는 『신라 집권 관료제 연구』, 『경주 역사 기행』, 『한국 고대사 산책』(공저), 『고려시대 사람들의 삶과 생각』(공저) 등이 있습니다.